Depuis quand cultive-t-on les pommes ?

La culture des pommes a commencé
il y a des milliers d'années,
quand les hommes ont décidé
de semer les graines
des fruits sauvages
qu'ils cueillaient
dans la nature.
C'est ainsi que
les premiers vergers
sont nés.

> **vergers :**
> les terrains plantés d'arbres fruitiers
> sont appelés vergers.

- ■ Combien y a-t-il de pépins dans une pomme ? @
- ■ Pourquoi y a-t-il différentes sortes de pommes ? @
- ■ Comment fait-on pousser un pommier ? @
- ■ Jusqu'à quel âge un pommier peut-il vivre ? @

Il existe de nombreux contes
qui expliquent la création du monde.

L'histoire que tu vas lire
dans les pages suivantes
raconte comment est né
le premier pommier.

Elle s'intitule :

Cœur de pomme

Cœur de pomme

Texte de **Jacques Pasquet**
Illustrations de **Caroline Merola**

Il y a longtemps,
bien avant le temps des contes,
le monde était différent.
Il n'y avait qu'une seule île.
Une île très grande,
perdue au milieu
d'une mer immense.
Les humains y vivaient en paix,
sans rois ni soldats.

C'est l'**Aînée**, une vieille femme,
qui veillait à l'ordre des choses.
Elle vivait au pied d'un arbre si haut
que les branches touchaient les nuages.
C'était l'arbre de sagesse.

Aînée :

dans les contes, l'Aînée est le nom
qu'on donne à la personne âgée
la plus respectée.

Un jour, l'Aînée a réuni les habitants de l'île :
– Je vais bientôt vous quitter.
Il est temps pour moi de rejoindre
les sages qui m'ont précédée.
Après mon départ, vous recevrez un signe.
La personne qui le trouvera
me remplacera au pied de cet arbre.

La vieille femme a ajouté :
– N'oubliez jamais que c'est la terre
qui nourrit les racines de cet arbre.
La terre est aussi notre mère.
Elle mérite notre respect.

Puis l'Aînée a disparu
et on ne l'a plus revue.
Après son départ,
les habitants se sentaient tristes
et abandonnés. Mais, un jour,
les hommes et les femmes
se sont mis à courir
dans tous les sens.

Les uns soulevaient les pierres.
Les autres fouillaient les trous.
Certains grattaient le sol.
D'autres plongeaient
dans l'eau froide de la rivière.
Ils cherchaient le signe
promis par l'Aînée.
Pour les enfants,
cela ressemblait à un jeu.

Assise au pied de l'arbre,
une petite fille regardait
tout le monde s'agiter.
On lui avait dit de rester là :
– Toi, tu n'es qu'une petite fille,
une petite fille de rien du tout.
Amuse-toi et ne viens surtout pas
nous déranger.

La petite fille de rien du tout
s'amusait beaucoup.
Elle rigolait de voir les autres
s'énerver autant. Elle savait
qu'ils cherchaient en vain
ce qu'elle avait trouvé
entre les racines de l'arbre :
une étoile qu'elle serrait
au creux de ses mains.

en vain :

chercher en vain signifie
chercher sans obtenir de résultat.

Mais quand les gens
se sont lancé des injures,
la petite fille de rien du tout
a cessé de rire.
Quand certains d'entre eux
ont commencé à se battre,
elle a eu peur qu'ils ne s'entretuent.

injures :
les injures sont des paroles
qui blessent.

Personne ne faisait attention à elle.
On ne se soucie pas
d'une petite fille de rien du tout
quand on est occupé à chercher
quelque chose d'aussi important.

La petite fille de rien du tout
est restée au pied de l'arbre
en attendant que la nuit tombe.
Quand les premières étoiles
sont apparues dans le ciel,
ses larmes se sont mises à couler.
Elle sentait qu'elle ne devait rien dire
aux autres. Mais que faire
de ce secret trop lourd pour elle?

La petite fille de rien du tout
pensait à l'Aînée.
Était-elle parmi les étoiles?
Voyait-elle la folie
qui frappait les humains
depuis son départ? Fatiguée
par tant de questions sans réponses,
la fillette s'est allongée
et s'est endormie.

Le lendemain, à son réveil,
la petite fille de rien du tout
était apaisée. Elle savait maintenant
ce qu'elle devait faire.
L'Aînée, durant la nuit,
lui avait donné la réponse
dans un rêve.

Elle a creusé un trou profond
entre les racines de l'arbre.
Elle y a déposé délicatement l'étoile.
Puis elle l'a recouverte de terre.
L'Aînée avait dit que la terre était
comme une mère. L'étoile y serait
en sécurité.

Le temps a passé depuis.
L'île s'est divisée
en plusieurs continents,
mais l'étoile n'a pas été abandonnée.
La terre l'a confiée
aux fruits de l'arbre,
cet arbre qu'on appelle désormais
le pommier.

continents :
les continents sont de grandes étendues
de terre limitées par un ou plusieurs
océans.

Aujourd'hui encore,
il reste une trace de cette histoire.
Pour la trouver, il suffit
de cueillir une pomme
et de la couper en deux par le milieu,
jamais de haut en bas.
On découvre alors
que le cœur de la pomme
est une petite étoile.
Une petite étoile de rien du tout.

Rouges, jaunes ou vertes, connais-tu le nom des pommes que tu aimes croquer?

1 La Cortland
Elle un goût sucré et **acidulé**. Sa chair blanche est juteuse et croquante.
Grosseur: moyenne à grosse.

2 La Délicieuse jaune
Son goût est un peu acidulé. Sa chair crème est juteuse et ferme.
Grosseur: moyenne à grosse.

3 La Granny Smith
Elle est aigre-douce et juteuse. Sa chair est verdâtre ou blanc jaunâtre.
Grosseur: moyenne.

4 La Lobo
Elle est juteuse, sucrée et acidulée. Sa chair, très blanche, est teintée de rose.
Grosseur: grosse.

acidulé :
un fruit acidulé
a un goût un peu piquant.

5 ## La McIntosh
Elle a un goût qui varie de acidulé à sucré. Sa chair blanche est parfois teintée de rouge.
Grosseur : moyenne à grosse.

6 ## La Melba
Elle est sucrée et un peu acide. Sa chair est très blanche et juteuse.
Grosseur : moyenne.

7 ## La Paula Red
Elle a un goût acidulé, un peu aigre. Sa chair blanche et juteuse est très ferme.
Grosseur : moyenne.

8 ## La Spartan
Elle est sucrée, acidulée. Sa chair blanc crème est légèrement teintée de rouge.
Grosseur : moyenne.

Au printemps, des bourgeons éclatent au bout des branches du pommier. Chaque bourgeon contient de petites feuilles vertes, prêtes à se développer.

Les feuilles s'ouvrent, des boutons de fleurs apparaissent à leur tour. Chaque fleur possède cinq pétales, des étamines et un pistil. Le bout des étamines est couvert de pollen. Le pistil contient l'ovaire. @

étamine
stigmate
pistil
sépale
ovaire
ovule

étamines/pistil : les étamines et le pistil sont les organes qui servent à la reproduction.

ovaire : l'ovaire renferme des ovules. Quand la fleur est fécondée, les ovules se transforment en pépins.

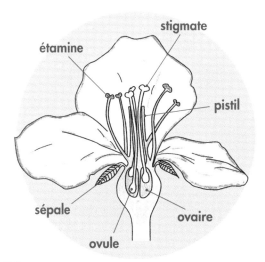

L'odeur des fleurs attire les insectes.
L'abeille pénètre dans la fleur pour se nourrir.
Le pollen colle à son corps et à ses pattes.
L'abeille transporte ce pollen avec elle
et le dépose sur le pistil d'une autre fleur. @

Quand un grain
de pollen atteint
l'ovule d'une fleur,
celle-ci est fécondée.
Une petite pomme
se forme à la place
de l'ovaire.
Au bout d'un mois,
les pommes ont
la taille d'une balle
de ping-pong. @

Pendant l'été, les pommes
grossissent et mûrissent.
Certaines sont prêtes
à être cueillies dès la mi-juillet.
D'autres ne seront mûres qu'entre
septembre et octobre. @

Au Québec, l'autocueillette est une activité importante. Les pomiculteurs invitent les gens à se rendre dans leurs vergers pour cueillir eux-mêmes leurs pommes et participer à différentes activités. @

> **pomiculteurs :**
> les pomiculteurs sont ceux qui cultivent les pommes.

Dans certains vergers, les produits de la pomme sont cuisinés sur place. Chaque jour, la pâtissière prépare de savoureuses tartes aux pommes. @

**Au marché, les pommes
sont vendues en panier.**
On peut les acheter
en petites ou
en grandes
quantités.

On y trouve aussi
une grande variété
de produits transformés :

- beurre de pomme
- sirop de pomme
- gelée de pomme
- tire de pomme
- cidre
- vinaigre de cidre

**On fabrique le cidre
à partir du jus de pomme.**
Le jus se transforme en cidre
grâce aux levures naturelles
contenues dans la pomme.
C'est ce qui s'appelle
la fermentation. @

levures :
les levures sont de petits organismes vivants
qui transforment le sucre en alcool.

La pomme et la rose sont cousines.
Elles appartiennent à la famille
des **Rosacées**, tout comme la fraise,
la framboise, la poire et la pêche. @

Rosacées :
la famille des Rosacées regroupe les plantes
aux feuilles dentées dont la fleur à cinq pétales
porte de nombreuses étamines.

**Il existe près de 7000 variétés
de pommes connues.**
Une centaine de ces variétés
sont cultivées en Amérique du Nord.
Au Québec, certains pomiculteurs
en cultivent plus d'une
quarantaine. @

**Autrefois, on utilisait le mot pomme
pour désigner un fruit rond.**
Voilà pourquoi on dit **pomme de pin**.
On dit aussi pomme de terre,
pomme de douche, pomme d'arrosoir
car la forme de ces objets
rappelle celle de la pomme. @

pomme de pin :
la pomme de pin est le fruit du pin.
Au Québec, on l'appelle cocotte.

On raconte qu'Isaac Newton a fait une découverte importante quand il a reçu une pomme sur la tête.
En réalité, c'est en regardant une pomme tomber que le savant a compris le principe de la gravité. @

gravité :
la gravité est la force que la Terre exerce sur les objets.
C'est ce qui explique pourquoi un objet lancé dans les airs finit toujours par retomber.

À travers le temps, les pommes ont inspiré les artistes.
Elles apparaissent dans des tableaux, des sculptures et des publicités. @

On les retrouve dans les contes.
Dans la main de la sorcière qui l'offre à Blanche-Neige et sur la tête du fils de Guillaume Tell. @

En suivant la méthode traditionnelle, on obtient un jus naturel, non pasteurisé.

> **pasteurisé :**
> le jus pasteurisé a été chauffé à haute température dans le but de le conserver plus longtemps.

Il faut choisir de belles pommes.
Les pommes sont plongées
dans une grande cuve remplie d'eau.
Elles en sortent toutes propres. @

Les pommes sont versées dans un broyeur.
Elles sont hachées en petits morceaux.
À la sortie du broyeur, la chair
des pommes est enveloppée
dans une sorte de sac.

Les sacs remplis de chair de pomme sont empilés sous le pressoir.
Le poids du pressoir fait jaillir le jus
qui tombe dans un grand bac.
La pelure et les pépins demeurent
à l'intérieur du sac.

Le jus de pomme recueilli est dirigé vers de grands réservoirs.
Dès qu'un réservoir est plein,
le jus est mis en bouteille.

Une personne s'occupe du remplissage.
On utilise des
contenants de
plastique.
Ils sont rapidement
bouchés et étiquetés.

**Les contenants
de jus sont rangés
dans des caisses
de bois.**
Les caisses sont placées
dans un entrepôt
réfrigéré. Le jus y
restera bien au frais
en attendant d'être
mis en vente.

1 Voici les étapes du cycle de vie des pommes.
Elles ont été dessinées dans le désordre.
À toi de les remettre dans le bon ordre.

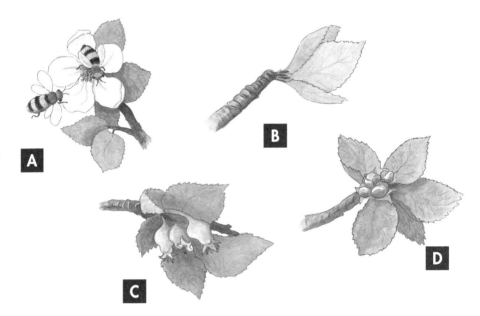

A

B

C

D

2 Il faut 1,3 kg de pommes pour obtenir 1 litre de jus.
Quels paniers dois-tu acheter si tu veux fabriquer
assez de jus de pomme pour remplir ces contenants
de 1 litre ?

Réponses : **1 • B** Les feuilles s'ouvrent – **D** Les fleurs apparaissent – **A** Les abeilles butinent les fleurs – **C** Les pommes remplacent les fleurs fécondées
2 • Pour fabriquer 5 litres de jus, il faut 6,5 kg de pommes. Tu dois acheter 1 panier de 5 kg + 1 panier de 1 kg + 1 panier de 0,5 kg.

3 En recopiant le dessin de la page 22, l'illustrateur a fait 4 erreurs. Retrouve-les.

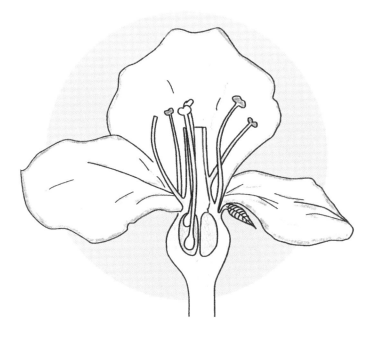

Dans ce tableau du peintre Arcimboldo, une pomme a servi à représenter une partie du visage. Laquelle ?

Réponses : **3 •** Il manque un sépale, le bout d'une étamine, un stigmate et une ovule
4 • La pomme a servi à représenter la joue du personnage.

31

Réponds par VRAI ou FAUX aux affirmations suivantes.

(Sers-toi du numéro de page indiqué pour vérifier ta réponse.)

1 Les premiers vergers sont nés il y a une centaine d'années (p. 1).

2 La chair de la McIntosh est parfois teintée de rouge (p. 21).

3 Quand la fleur est fécondée, les ovules se transforment en pépins (p. 22).

4 On fabrique le cidre à partir de la gelée de pomme (p. 25).

5 Le jus se conserve plus longtemps s'il est pasteurisé (p. 26).

6 En Amérique du Nord, on cultive plus de 7000 variétés de pommes (p. 28).

7 Isaac Newton a découvert le principe de la gravité en recevant une pomme sur la tête (p. 29).

Réponses : 1 FAUX 2 VRAI 3 VRAI 4 FAUX 5 VRAI 6 FAUX 7 FAUX